10歳からの生きる力をさがす旅③

生きているってふしぎだね

文 波平恵美子
絵 塚本やすし

出窓社

◆もくじ◆

1

赤ちゃんはなぜかわいいのでしょう

二十分《ぷん》も三十分も泣《な》いていたり、
おむつの中にうんこやおしっこをしたり、
自分《じぶん》では何もできずに、
ただ寝《ね》ていて、
全部《ぜんぶ》お母《かあ》さんに世話《せわ》してもらうばかりの赤《あか》ちゃんは、
時にはやっかいなものに思えます。

赤《あか》ちゃんがいなければ、
お母《かあ》さんはもっとゆっくりテレビを見たり、
ひとりで買《か》い物に出かけたりできます。
でも、赤ちゃんがいるお母さんにはそれができません。
なによりも、お母さんは
いつも赤ちゃんを抱《だ》いていなければなりません。

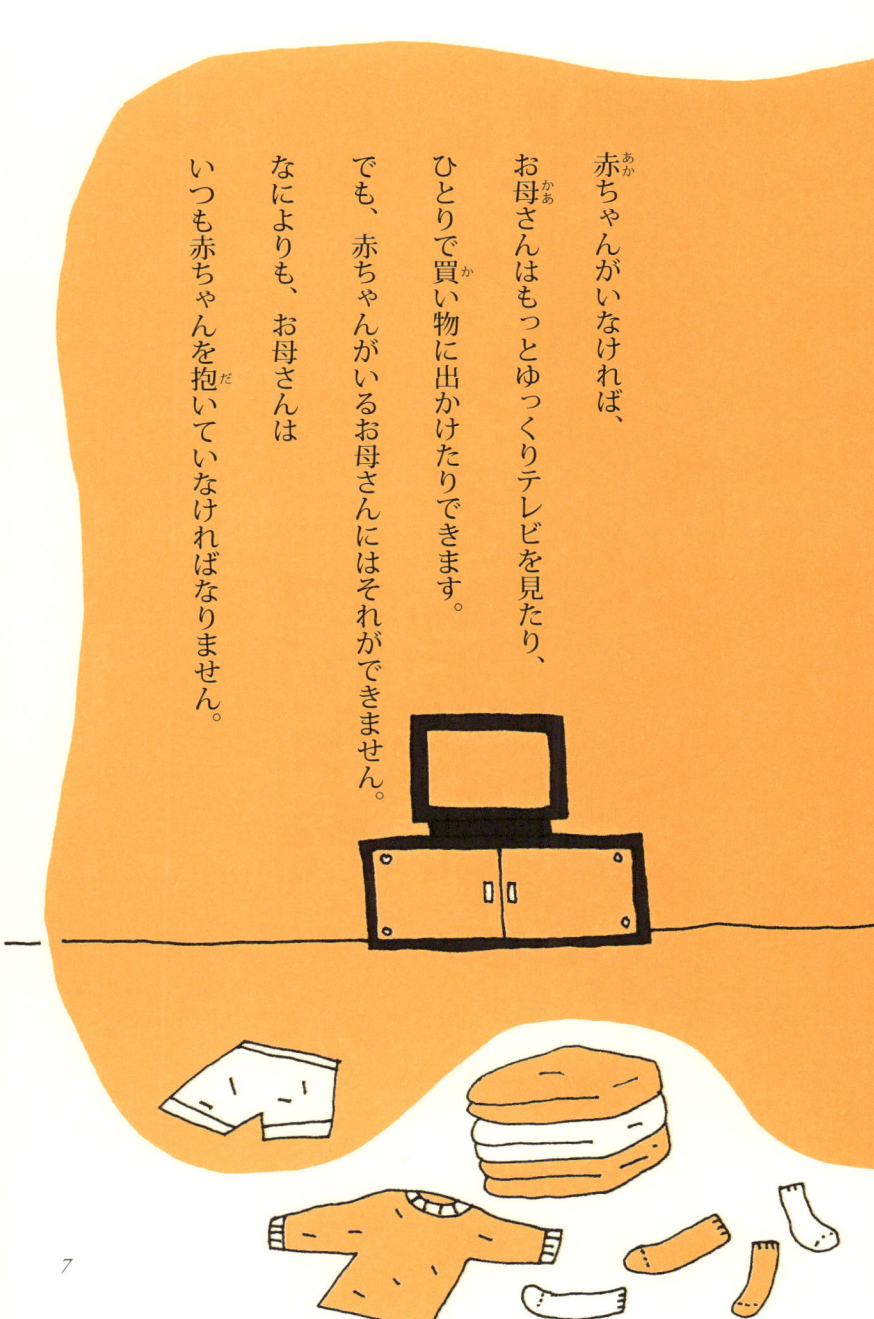

赤《あか》ちゃんの重《おも》さは、
生まれたばかりでも二キログラム以上《いじょう》もあり、
三か月もたつと、四キロにも五キロにもなって、
たいへん重いのです。
牛乳《ぎゅうにゅう》の大きな紙《かみ》パックが約《やく》一キロですから、
それをいつも三つも四つも持《も》ち続《つづ》けるのと同じです。
お母《かあ》さんは本当《ほんとう》に大変《たいへん》です。

けれども、赤《あか》ちゃんを抱《だ》いているお母《かあ》さんは、
それほど重《おも》そうなものを持《も》っているようには見えません。
お母さんが急《きゅう》に力持《ちからも》ちになったということでもないようです。
それに赤ちゃんを抱《だ》いているお母さんは、
とても幸《しあわ》せそうに見えます。
赤ちゃんは、あんなに眠《ねむ》ってばかりいて何にもできないのに、
なにか不思議《ふしぎ》な力を持っていて、

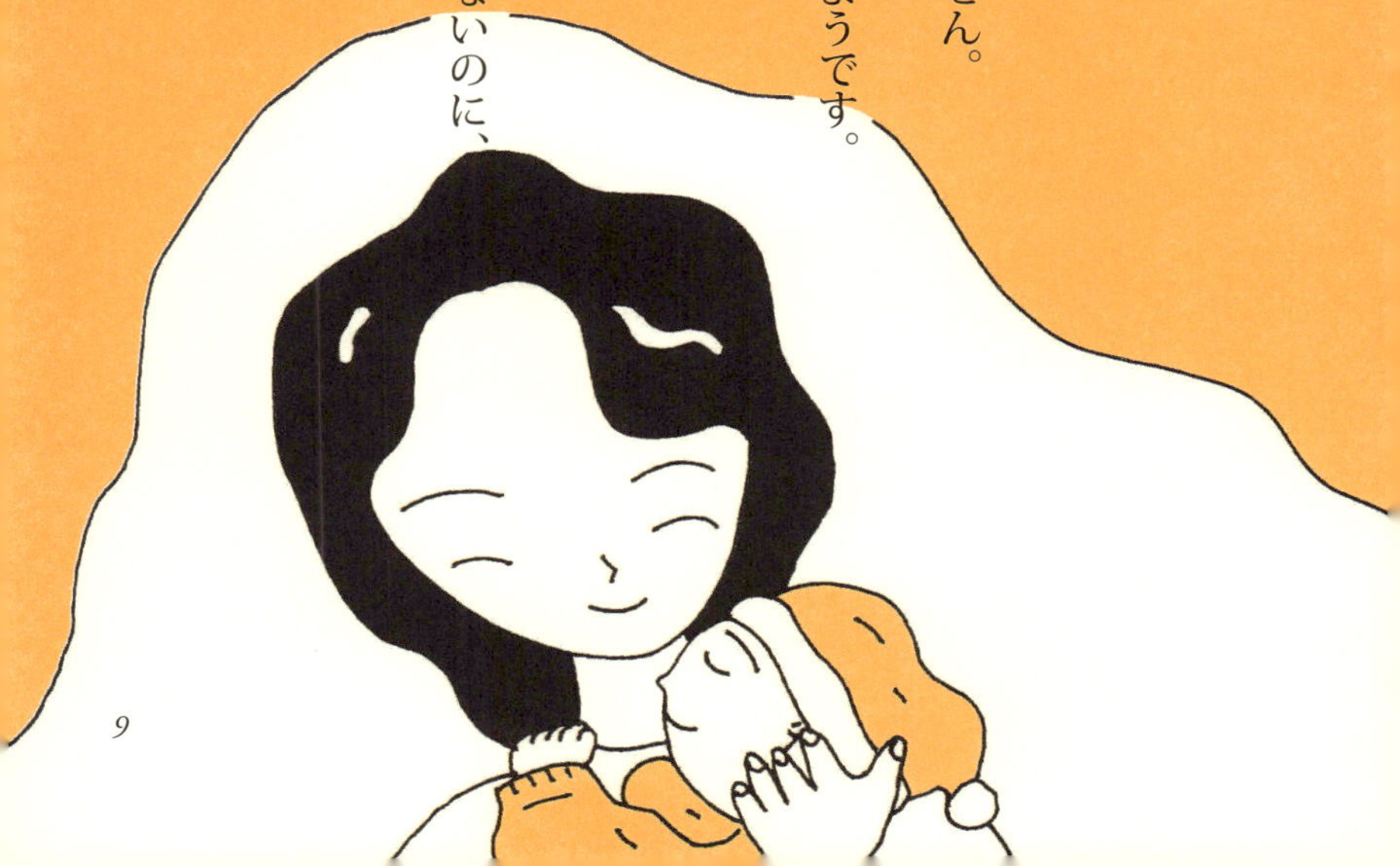

自分《じぶん》の世話《せわ》をしてくれる人に対《たい》して、
とてもやさしい気持ちになるように、
とてもいい気持ちになるように、
仕向《しむ》けてしまうらしいのです。
赤《あか》ちゃんの顔《かお》に鼻《はな》を近づけてにおってみると、
なんともいえない、いい匂《にお》いがします。
よだれで口のまわりがぬれていても、

そのよだれもとてもいい匂《にお》いです。
うんこさえも、あまずっぱい匂いで、
もっと大きな子どもや大人《おとな》の
うんこの匂いとはまったくちがいます。

誰《だれ》かが世話《せわ》をしてくれないと
三日以上《いじょう》は生きることのできない赤《あか》ちゃんが、
世話《せわ》をしてくれる人に、せめてものお礼《れい》として、いい気持《きも》ちにしてくれているかのようです。
動物《どうぶつ》の赤《あか》ちゃんの匂《にお》いも、
大人《おとな》の動物とはちがいます。
やはりあまずっぱくて、とてもいい匂いです。
口の中の匂いもいい匂いで、これまた人間の赤ちゃんに似《に》ています。
人間の赤ちゃんはその身体《からだ》が小さいだけではなく、
身体《からだ》全体の中で頭《あたま》が大きく、丸《まる》っこい形《かたち》をしています。

動物《どうぶつ》の赤《あか》ちゃんもそうです。
犬《いぬ》や猫《ねこ》の赤ちゃんの身体《からだ》をみると、
なによりも顔全体《かおぜんたい》の中で目が大きくて、
見る人は思《おも》わずその目に引《ひ》きつけられてしまいます。
頭《あたま》の部分《ぶぶん》が大きいので、
人間の赤ちゃんと同じように
身体全体が丸《まる》っこい形をしています。

体《からだ》の毛《け》も大人《おとな》の動物《どうぶつ》に比《くら》べて柔《やわ》らかくフワフワしているし、
足《あし》も短《みじか》いので、いっそう丸《まる》っこい感《かん》じがします。

このように動物の赤《あか》ちゃんも人間の赤ちゃんも、
大人の動物やまわりの人に敵意《てきい》や警戒心《けいかいしん》を起《お》こさせないだけでなく、
むしろ、やさしい気持ちを抱《いだ》かせるような、

さまざまな能力《のうりょく》を備《そな》えているらしいのです。

とても弱《よわ》くて、
自分《じぶん》の生命《いのち》を自分で守《まも》ることのできないように見えていて、
実《じつ》は、自分の生命を守ることのできる不思議《ふしぎ》な力を備《そな》えているらしいのです。

でも、赤《あか》ちゃん一人《ひとり》ひとりが、
自分で工夫《くふう》してこうした力を持《も》っているのではありません。

これらのことは、
「種《しゅ》の保存《ほぞん》」（自分《じぶん》の子孫《しそん》を残《のこ》すために備《そな》わった能力《のうりょく》）といわれる
自然界《しぜんかい》の法則《ほうそく》が働《はたら》いているからだと考えられています。

人間や猫《ねこ》や猿《さる》や熊《くま》などのそれぞれの生物《せいぶつ》が、
ずっと自分《じぶん》たちの子孫《しそん》を残《のこ》していくために
あらかじめ備《そな》えている能力《のうりょく》のことです。

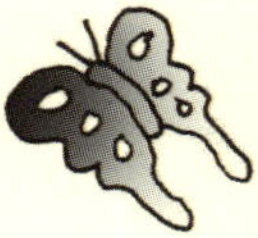

自然《しぜん》の中には、
このような不思議《ふしぎ》なことがたくさんあります。
おもしろいと思いませんか。

2
子どもが「神さまの子」といわれていた頃のこと

昔《むかし》、といっても何百年《なんびゃくねん》も昔のことではありません。
みなさんのひいおじいさん、ひいおばあさんが
赤《あか》ちゃんだった頃《ころ》のことです。
その頃《ころ》まで、「数《かぞ》え年《どし》」の七歳《さい》までは、
子どもというのは人間の子というより、

神《かみ》さまから預《あず》かっている神さまの子なので、
親《おや》の思うままにはならないという考え方がありました。
数《かぞ》え年《どし》というのは、生まれてすぐ一歳《さい》と数《かぞ》え、
お正月《しょうがつ》がくるたびに一歳ずつ年齢《ねんれい》が加《くわ》わるという考えにもとづいています。
お正月がくるとすべての人の年齢がいっせいに一つ増《ふ》えるのです。
ですから、昔《むかし》はお正月はとても大切《たいせつ》な意味《いみ》を持《も》っていました。

神《かみ》さまの子ですから、
親《おや》が子どもにひどい仕打《しう》ちをしてはならないことは
もちろんです。
農作業《のうさぎょう》や家事《かじ》の手伝《てつだ》いでこき使《つか》ったり、
あるいは奉公《ほうこう》に出してお金を稼《かせ》がせたりしてはいけない
と考えられていました。
また、神さまの子だから、

子どもは自分《じぶん》ではわからないまま、
とても大切《たいせつ》な言葉《ことば》を口にしたり、しぐさをして、
神《かみ》さまの意志《いし》を伝《つた》えるかもしれないと考えられていました。
今でも、お祭《まつ》りの時に、小さな子どもが
馬《うま》や山車《だし》に乗せられることがありますが、
それは神さまが子どもの姿《すがた》をしてお祭りを楽《たの》しんでいるのだ、
という昔《むかし》の人びとの考えがもとになっています。

神《かみ》さまの子ですから、

神さまが「この者《もの》たちは、この子の親《おや》としてふさわしくない。

いっそ取《と》り上げてしまおう」といって連《つ》れ去《さ》ることもあると信《しん》じられていました。

子どもが急《きゅう》に病気《びょうき》になってほんの数日《すうじつ》で死《し》んでしまった時などは、

「神さまが取《と》り戻《もど》しにこられた」と考えられていたのです。

「七歳《さい》までは神の子」といっていた頃《ころ》の子どもの生活《せいかつ》は、

けっして豊《ゆた》かなものではありませんでした。

テレビで、時々、発展途上国《はってんとじょうこく》の貧《まず》しい家庭《かてい》の子どもたちのようすが放送《ほうそう》されることがありますが、あの子どもたちと昔《むかし》の日本の子どもたちとはそれほど変《か》わることはなかったのです。特《とく》に、貧しい農山村《のうさんそん》や、都会《とかい》の貧しい家の子どもたちはそうでした。

きれいなおむつがたくさんあるわけではありません。紙《かみ》オムツなど、もちろんありません。洗濯機《せんたくき》も乾燥機《かんそうき》もなく、お母《かあ》さんが手で洗《あら》うので、洗ってもなかなか乾《かわ》きません。

赤《あか》ちゃんのお尻《しり》は、いつもぬれて、汚《よご》れていました。
離乳食《りにゅうしょく》は、ご飯《はん》をたく途中《とちゅう》で出てくる、「重湯《おもゆ》」という、お米《こめ》の汁《しる》だけで、
あとは、お母《かあ》さん自身《じしん》が自分のおかずを口の中でよくかみくだいて、
やわらかくしたものを、指《ゆび》で食べさせていました。
また、この頃《ころ》の赤ちゃんは、お腹《なか》をこわすことが多く、
そのため栄養《えいよう》を充分《じゅうぶん》とりこむことができず、
よく病気《びょうき》になりました。

五、六歳《さい》になると、小さい弟《おとうと》や妹《いもうと》の子守《こもり》をするのが当《あ》たり前《まえ》で、遊《あそ》ぶときも赤《あか》ちゃんを背負《せお》って行き、赤ちゃんが泣《な》くと、遊びをやめておむつを替《か》えたり、あやしたりしなければならなかったのです。

「昔《むかし》の子どもは、今の子どものように勉強《べんきょう》勉強と追《お》い立《た》てられたりしないで、のびのびと楽《たの》しく遊んでいた。それにくらべると今の子どもはかわいそうだ」

という言葉《ことば》を時《とき》どき耳《みみ》にすることがあります。

それは、半分《はんぶん》は正しいのですが、
半分は間違《まちが》っています。
年をとった人たちは、
自分《じぶん》の子どもの頃《ころ》のことを、とても良《よ》かったことか、
とても悪《わる》かったことしかおぼえていなかったり、
若《わか》い人たちに自分が経験《けいけん》したすべてのことを
話さないことが多いからです。

「七歳《さい》までは神《かみ》の子」といっていた時代《じだい》、この七歳を過《す》ぎると、親元《おやもと》から離《はな》れて遠《とお》い親戚《しんせき》の家に養子《ようし》に出されることもありました。大きな商家《しょうか》に子守《こもり》や下働《したばたら》きの奉公《ほうこう》に出されることもあり、学校から帰《かえ》ると、すぐに奉公先《ほうこうさき》へ行き、そこで夕方遅《ゆうがたおそ》くまで働いて家に帰ることもありました。

「勉強《べんきょう》しなくてよかった」のではなく、「勉強したくてもできなかった」子どもたちがたくさんいたのです。

その後、しだいに「子どもの権利《けんり》を守らなければならない。子どもは自分《じぶん》の将来《しょうらい》のために、その持《も》っている可能性《かのうせい》をのばせるような暮《く》らしを保障《ほしょう》される権利《けんり》がある」という考え方が広がり、今では「七歳《さい》までは神《かみ》の子」といわなくても、七歳を過《す》ぎても、多くの子どもは大切《たいせつ》に大切に育《そだ》てられるようになりました。

もし、現代《げんだい》の子どもたちが、食《た》べ物《もの》も着《き》る物も充分《じゅうぶん》に与《あた》えられていて、昔《むかし》の子どものように奉公《ほうこう》に出されたり、

親《おや》と同じように働《はたら》くことがないにもかかわらず、

「自分《じぶん》は大切《たいせつ》に育《そだ》てられていない」と思うことがあるとすれば、

それは親と子どもの間で、

「大切に育てる」ことの考え方にズレがあるからでしょう。

生まれて一年もたたない赤《あか》ん坊《ぼう》を投《な》げつけて死なせたり、

食べ物も与《あた》えず飢《う》え死《じ》にさせる親たちのことが、

時々、新聞《しんぶん》やテレビで報道《ほうどう》されることがあります。

親《おや》であれば、自分《じぶん》の子をどのように扱《あつか》ってもかまわない
と考えてしまう大人《おとな》たちが、
今ではいるということなのでしょうか。
昔《むかし》の人は、子どもは弱《よわ》くて、まわりの大人になにもかも頼《たよ》りきっていて、
なにをされても抵抗《ていこう》できないからこそ、
神《かみ》さまのように尊《たっと》いものだと考えていたのかもしれません。

それに対《たい》して、今では、なにをしても抵抗《ていこう》しないから、
価値《かち》のないものだと考える人たちがいるのでしょうか。
年月《ねんげつ》が過《す》ぎると、人の考え方は、
こんなにも大きく変《か》わってしまうのかと思うと、
驚《おどろ》いてしまいます。
現在《げんざい》の私たちのものの考え方も、
百年《ひゃくねん》の後《のち》には変わってしまうのかもしれません。

しかし、そうした親《おや》たちに、ぜひ知《し》ってもらいたいのです。
もっとも弱《よわ》い者《もの》はもっとも尊《たっと》い者であることを、
あなたたちのひいおじいさんやひいおばあさんたちは固《かた》く信《しん》じていて、
それを「七歳《さい》までは神《かみ》の子」という言葉《ことば》であらわしていたということを。

3
赤ちゃんから大人へのふしぎな時間

赤《あか》ちゃんの時のことをおぼえている人はいません。

「赤ちゃん」というのは、生まれてすぐから
満一歳《まんいっさい》になる前の小さな小さな子どものことです。

自分が赤ちゃんだった時のことをおぼえていないだけでなく、
三歳になる前のことを大人《おとな》になって
おぼえている人もほとんどいません。

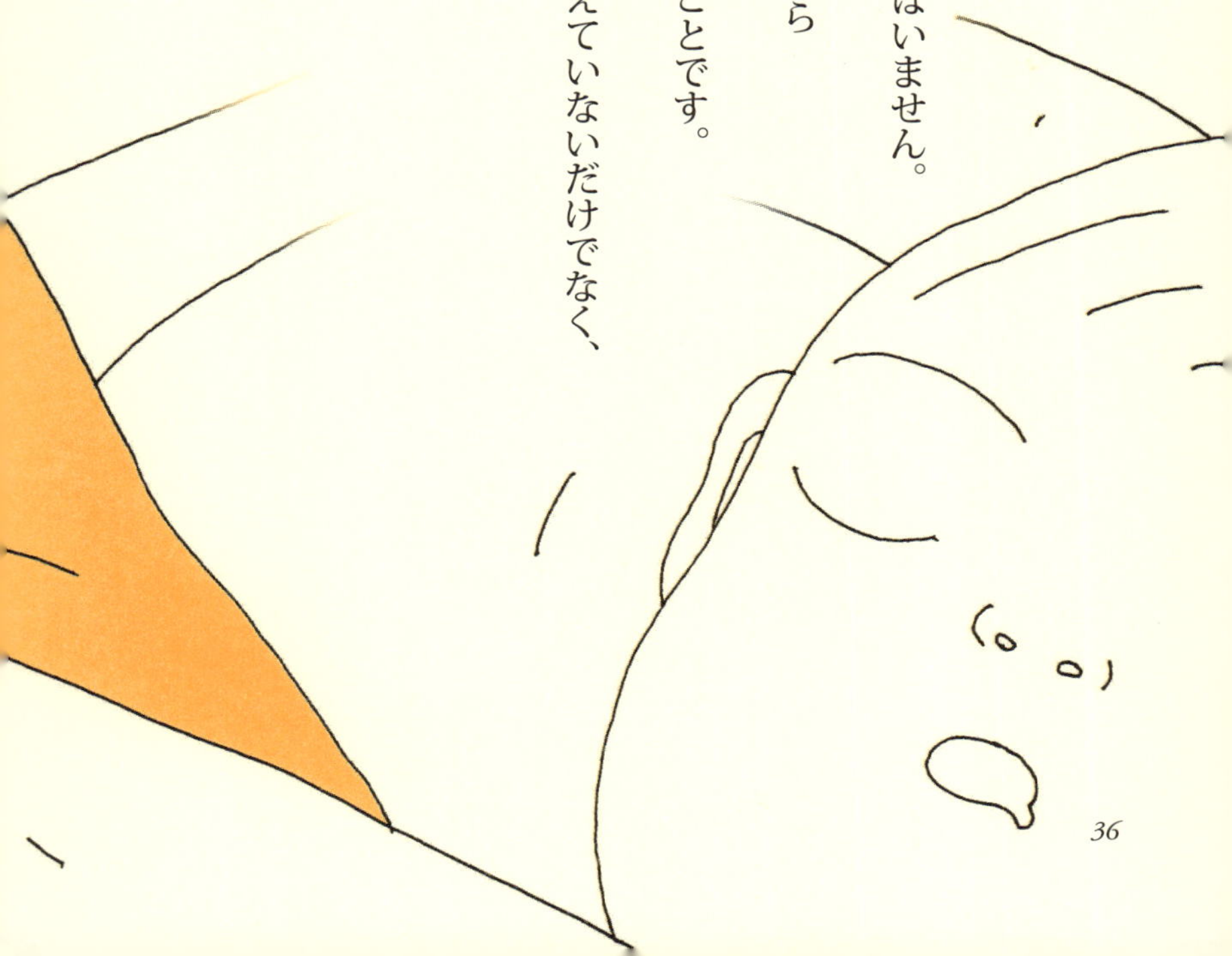

その理由《りゆう》は、脳《のう》の発達《はったつ》と関係《かんけい》があると思われているのですが、
本当《ほんとう》のことはまだわかっていません。
もし、赤《あか》ちゃんだった時のことをおぼえていたら、
どんなにおもしろいでしょう。
お母《かあ》さんのお乳《ちち》の味《あじ》は牛乳《ぎゅうにゅう》とどんなふうにちがっているでしょうか。
おむつの中におしっこやうんこをしてしまうのはどんな気持ちでしょう。
あれこれとお母さんにしてほしいことがあるのに、

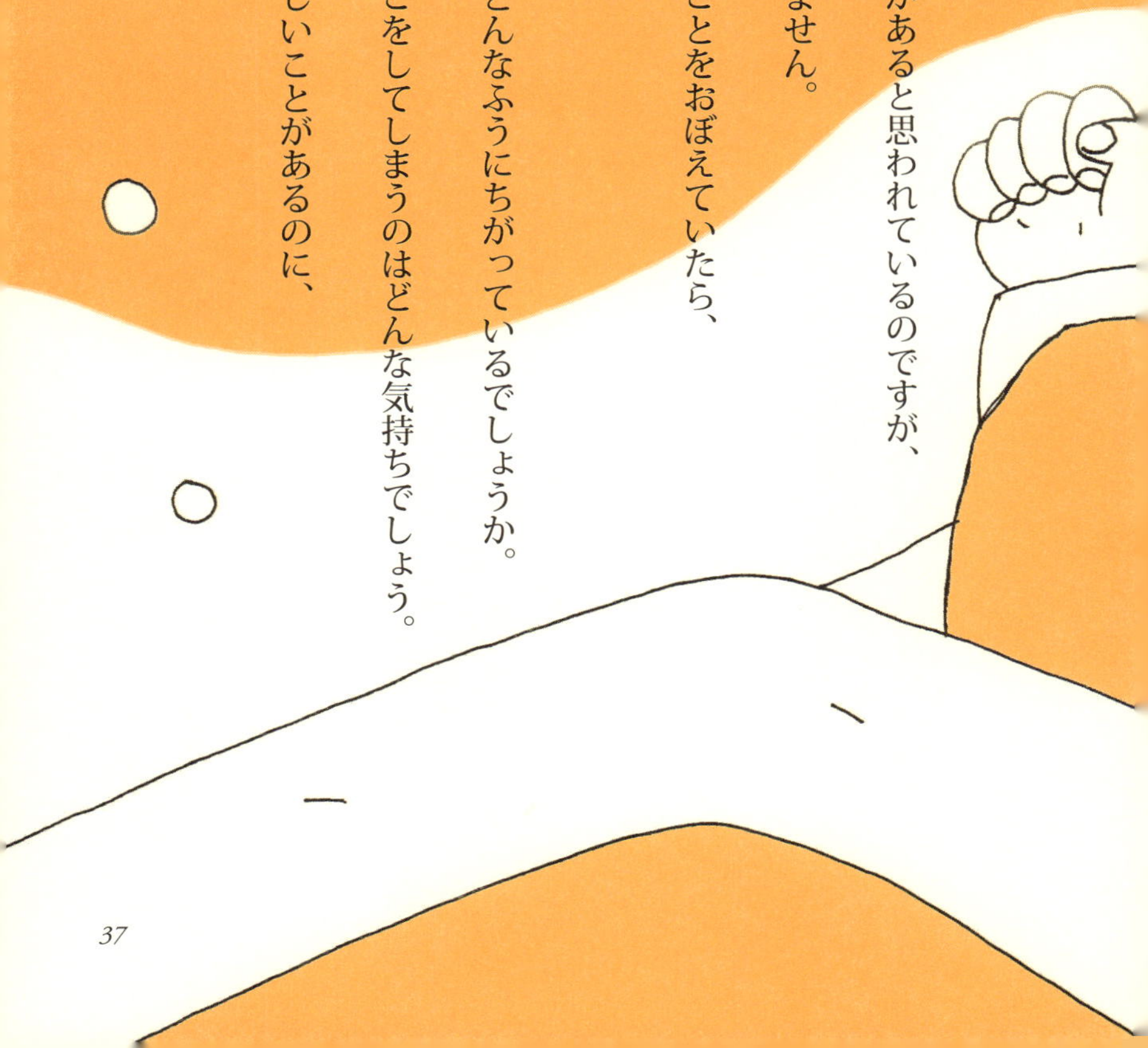

泣《な》き声《ごえ》しか出せないというのは、どんな気持ちでしょう。
もし、それをおぼえていたら、赤《あか》ちゃんを世話《せわ》するお母《かあ》さんは、
どんなにか楽《らく》でしょう。赤ちゃんの気持ちが全部《ぜんぶ》わかってしまうのですから。
自分《じぶん》の赤ちゃんの時のことをおぼえていなくても、赤ちゃんのようすを見ると、
自分が以前《いぜん》どんなふうだったのかがよくわかります。
赤ちゃんがどんな感《かん》じ方をしているのか、
もし「考えている」としたら、何を「考えている」のかはわかりませんが、

それでも、身体《からだ》がとても小さかったことや、
柔《たわ》らかくフニャフニャしていたことや、
立《た》つことも、座《すわ》ることも、
言葉《ことば》を話すこともできなかったことがわかります。

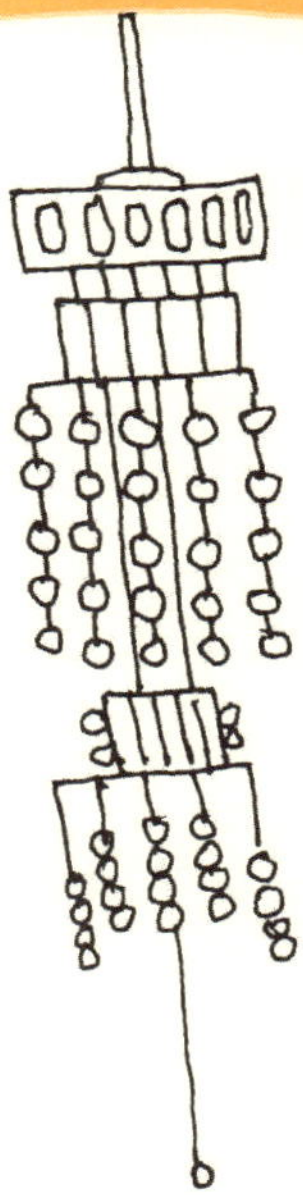

赤《あか》ちゃんを見ていると、

自分《じぶん》が、今はどんなにたくさんのことができるようになっているかを

知《し》って驚《おどろ》くことでしょう。

歩《ある》くことも、速《はや》く走《はし》ることも、長い時間《じかん》立っていることもできます。

片足《かたあし》で跳《と》ぶことも、物を持ち上げることも、

紙《かみ》を折《お》ったり、ひもを結《むす》んだり、

絵《え》を描《か》くこともできるのです。

言葉《ことば》もたくさん知《し》っていて、
自分《じぶん》がして欲《ほ》しいことをお母《かあ》さんや先生《せんせい》に伝《つた》えることもできます。
赤《あか》ちゃんにできなくて、今の自分にできることを数《かぞ》えてみると、
あまりに多くて数えきれないくらいです。

そんなにも、なんでもできるようなったのに、
お母さんもお父《とう》さんも「こんなことができなくてどうするんだ」、
「あれをしなさい、これをしなさい」、

「まだすませてないの、早くしなさい」と口うるさく言うかもしれません。
それは、きっとあなたが赤《あか》ちゃんから二歳《さい》、三歳そして五歳になる間に、
あまりにも急《きゅう》になんでもできるようになり、
それがとても速《はや》かったので、その速度《そくど》がずっと続《つづ》くと、
お母《かあ》さんたちが思いこんでしまっているからではないでしょうか。

でも、考えてもみてください。三十歳《さい》の大人《おとな》と四十歳の大人とでは、身体《からだ》の大きさはほとんど変《か》わりません。新《あたら》しくできるようになることも、ほとんど増《ふ》えません。十歳も違《ちが》うのに驚《おどろ》きです。

そうです。人間の成長《せいちょう》は、大きくなるにしたがって、少しずつ遅《おそ》くなるのです。

たしかに、十二歳の頃《ころ》から急に背《せ》がのびたり、女の子はお乳《ちち》がふくらんだり、男の子は声《こえ》が変《か》わったり、鼻《はな》の下にひげが生《は》えてきたりしますが、できるようになることの内容《ないよう》は、赤《あか》ちゃんから五歳の子になる間のようには、

多くありません。たぶん、赤《あか》ちゃんにはとても不思議《ふしぎ》な力が働《はたら》いて、
生《う》まれて三歳《さい》くらいまでの間に、
そしてさらに五歳になるまでの間に、
赤ちゃんは大急《おおいそ》ぎで身体《からだ》が大きくなり、
立って歩《ある》くことができるようになり、
言葉《ことば》を話したり理解《りかい》できるようになるのでしょう。
ほんとうに不思議な、まるで魔法《まほう》のような時間が、

赤《あか》ちゃんが生《う》まれた時から五年間ほど続《つづ》くのです。

あなたが、お父《とう》さんやお母《かあ》さんから、

あまりに多くのことを要求《ようきゅう》された時には、

「私が赤ちゃんだった時のことを思い出してみて。なんにもできなかったのに、

こんなにもたくさんのことができるようになったんだよ」

と話してみてはどうでしょう。

お父《とう》さんもお母《かあ》さんも、

「あれは魔法《まほう》の時期《じき》だったのだ」と

きっと気《き》づいてくれるにちがいありません。

SUP

4

自分より大切なものって、なんでしょう

最近《さいきん》はとても恐《こわ》い事件《じけん》が起《お》こります。
お母《かあ》さんが自分《じぶん》の本当《ほんとう》の子どもを、
自分のお腹《なか》の中で大きくなり、
自分のお乳《ちち》を飲《の》んで大きくなった子どもを、
激《はげ》しくたたいて死《し》なせてしまうといった事件です。
熱《あつ》くて熱くて、とても入《はい》ってはいられないお風呂《ふろ》のお湯《ゆ》に入れて、
やけどをさせて死なせたこともありました。

何日《なんにち》も、水だけしか与《あた》えなくて、
やせて栄養《えいよう》が足《た》りなくなって死《し》なせてしまった事件《じけん》もありました。
なぜ、こんなにも恐《おそ》ろしいことが起《お》きてしまうのでしょう。
事件を起こしたお母《かあ》さんたちは、なぜこんなひどい仕打《しう》ちを、
自分《じぶん》の子どもにしてしまうのでしょうか。
新聞《しんぶん》を読《よ》んでも、テレビのニュースを見ても、なぜ、そんなことを
してしまったのかがわかりません。子どもが憎《にく》いからするのでしょうか。

かわいかった子どもがだんだんかわいくなくなってきたので、
このような仕打《しう》ちをしたのでしょうか。答《こた》えは、すぐに見つかりそうもありません。
母親《ははおや》が自分《じぶん》の子どもを殺《ころ》したり、
殺すつもりはなかったとしても、
死《し》ぬかもしれないほどひどい目にあわせ、
結局《けっきょく》は殺すのと同じことをしてしまうという話は、
昔話《むかしばなし》の中でもさがし出すのがむずかしいほどです。

昔話《むかしばなし》には、人間のすばらしさも、みにくさも、恐《こわ》さも、やさしさも、
なんでもつまっていて、大人《おとな》が読《よ》んでも、ゾクゾク、ワクワクします。

そんな、いろんな話でいっぱいの昔話でさえも、
本当《ほんとう》の親《おや》が自分《じぶん》の本当の子どもをいじめて殺《ころ》す話はとても少ないか、
ほとんどないといってもよいのです。

たしかに、親《おや》が赤《あか》ちゃんや幼《おさな》い子どもを育《そだ》てるということは、
特《とく》にお母《かあ》さんにとっては大変《たいへん》なことです。

食べ物は充分《じゅうぶん》にあって、生活《せいかつ》は便利《べんり》になっているし、お金を持《も》ってさえいれば、
ほしい物はいつでも手に入れられる今の日本でも、それはとても大変《たいへん》です。
いつも赤《あか》ちゃんのそばについていなくてはなりません。
いつも赤ちゃんを見ていて、食べ物を与《あた》え、おむつを替《か》えてやり、
お風呂《ふろ》に入れ、泣《な》くと抱《だ》きあげてあやし、危《あぶ》ないものに
手を触《ふ》れたりしないように、たえず注意《ちゅうい》していなくてはなりません。

いつも、いつも、いつも、お母《かあ》さんは赤《あか》ちゃんのことが頭から離《はな》れません。

三、四時間も放《ほ》っておくことなどできないのです。

トイレにもゆっくり入れません。

五、六時間ぐっすり眠《ねむ》ることなど、子どもが四、五歳《さい》になるまで、

とてもできないことです。

「昔《むかし》の母親《ははおや》は、激《はげ》しい農作業《のうさぎょう》をしながら六人も七人も子どもを育《そだ》てたではないか。

それにくらべて、今のお母さんたちはなんて楽《らく》なんだろう。

家でのんびり暮《く》らしていて、なぜ子どもを殺《ころ》すのか。
自分《じぶん》の子をいじめ殺さなければならないほど、
何に追《お》いつめられるのだろう」
という人もいます。
このように考えると、
幼《おさな》い子どもをいじめ殺す母親《ははおや》たちが、
ますます悪者《わるもの》に見えてきます。

しかし、はっきりわかっていることがあります。
それは、そんなにも大変《たいへん》な子育《こそだ》てをしているお母《かあ》さんは、
誰《だれ》かに自分《じぶん》のしていることを見ていてほしいのです。
わかってくれて、「大変だね」とほめてほしいのです。
そして、
できれば、半日《はんにち》でもいいから、
代《か》わって赤《あか》ん坊《ぼう》を世話《せわ》してくれる人がほしいのです。

親《おや》も兄弟《きょうだい》姉妹《しまい》も遠《とお》くに住《す》んでいて、
近所《きんじょ》に仲《なか》のいい友達《ともだち》もいない若《わか》いお母《かあ》さんは、
自分《じぶん》の苦労《くろう》を誰《だれ》にも見てもらえず、
誰にもほめてもらえず、誰にも手助《てだす》けをしてもらえないことを、
くる日もくる日もしなければなりません。
それなのに、まわりの人は「お家《うち》にいて、
かわいい赤《あか》ちゃんの顔《かお》を見て暮《く》らせるって、幸《しあわ》せね」と言います。

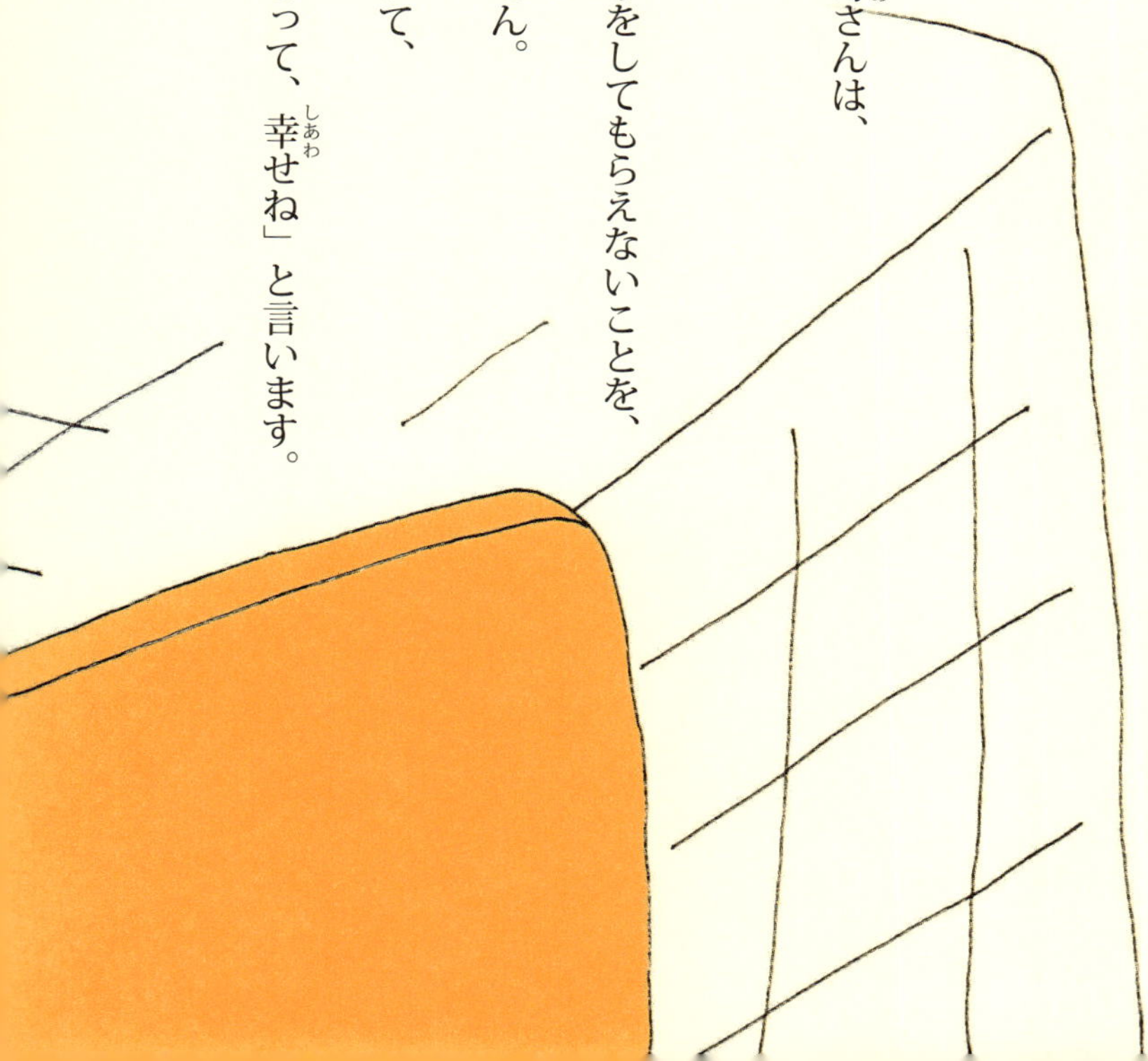

どんなに辛《つら》いことでも、苦《くる》しいことでも、
ほかの人がその辛さや苦しさや大変《たいへん》さを知ってくれていて、
そして同情《どうじょう》したり、はげましてくれることで、
その苦しさも辛さもがまんできます。

でも、本当《ほんとう》は辛いのに、ほかの人から「お幸《しあわ》せね」と思われていて、
しかも「いいえ、決《けっ》してそうではないのよ」と言い返《かえ》せないことほど
辛いことはないのではないでしょうか。

いじめられる子は、いじめられるそのことよりも、親《おや》も先生《せんせい》も友達《ともだち》も、
誰《だれ》もその辛《つら》さをわかってくれない時に、本当《ほんとう》に辛く苦《くる》しいと思うそうです。

しかし、だからといって、抵抗《ていこう》もできない、
他人《たにん》に苦しさを訴《うった》えることのできない赤《あか》ちゃんや幼《おさま》い子に
ひどい仕打《しう》ちをして、殺《ころ》していいはずはありません。
なによりも、ほとんどの若《わか》い母親《ははおや》は
その辛さを乗《の》り越《こ》えていくのですから。

こうした行為《こうい》の背景《はいけい》には、
もしかしたら次《つぎ》のようなことがあるのかもしれません。
それは、自分《じぶん》が産《う》んだ赤《あか》ちゃんや幼《おさな》い子も、その母親《ははおや》にとって、
もはや自分以上《いじょう》に大切《たいせつ》なものでなくなっているということです。
赤ちゃんよりも自分のほうがずっとずっと大切で価値《かち》があるのだという考え方が、
強《つよ》くなり広がっているということです。
以前《いぜん》には、子どもを産んだ女性《じょせい》には「本能的《ほんのうてき》に」子どもを大切に育《そだ》てる能力《のうりょく》や

その気持ちがひとりでに出てくると考えられていました。
それを「母性《ぼせい》」と呼ぶのですが、母性は女性《じょせい》に生《う》まれつき備《そな》わっていて、
子どもが産《う》まれると、
眠《ねむ》っていた母性が目ざめるのだと考えられていました。

しかし、今では「母性《ぼせい》」とは、
生《う》まれつき備《そな》わっているのではなく、
女性《じょせい》が成長《せいちょう》していく中で学《まな》ぶものである、
ということがわかってきました。
一人《ひとり》っ子か兄弟姉妹《きょうだいしまい》がいても年齢《ねんれい》が離《はな》れていて、
一人っ子のように育《そだ》つと、親《おや》はその子をひたすらかわいがり、
その子は家族《かぞく》の中でいつも一番大切《いちばんたいせつ》にされます。

そのため、その子どもが大人《おとな》になっても、
大切《たいせつ》なのはいつも自分《じぶん》です。
自分を苦《くる》しませ、自分の楽《たの》しみをうばい、
みじめな思いをさせるものは、
たとえそれが自分が産《う》んだ子であっても、
その子がいること自体《じたい》が許《ゆる》されなくなるのかもしれません。

「泣《な》いたから投《な》げ飛《と》ばした」と告白《こくはく》する母親《ははおや》は、自分《じぶん》を困《こま》らせる赤《あか》ちゃんを、ほとんど敵《てき》か悪魔《あくま》のように思っているのかもしれないのです。

でも、反対《はんたい》に次《つぎ》のような疑問《ぎもん》も生《う》まれてきます。

「自分《じぶん》が親《おや》からあんなに大切《たいせつ》にされかわいがられたのだから、自分が親になったら子どもをかわいがるのではないか」ということです。

しかし、自分《じぶん》が親《おや》からどんなに大切《たいせつ》にされたのかを、
案外《あんがい》わかっていないのかもしれません。
弟《おとうと》や妹《いもうと》がいれば、
お母《かあ》さんが大切にしているのを見て、
初《はじ》めて、自分ももっと小さかった時には、
お母さんから同じようにかわいがられ
大切にされていたことを理解《りかい》できるのでしょうが、

一人子《ひとりっこ》だとそれを見ることができません。
子どもが成長《せいちょう》していく過程《かてい》で、
まわりの大人《おとな》が、自分自身《じぶんじしん》よりも
他《ほか》のものを大切《たいせつ》にする行為《こうい》を、
子どもたちにくり返《かえ》しくり返し、
見せる必要《ひつよう》があることを、
最近《さいきん》の悲《かな》しい事件《じけん》は教《おし》えてくれています。

5

一人前になるってどんなこと?

小学校三年生ぐらいの男の子が四人で、
自転車《じてんしゃ》をこぎながら話しているのが聞《き》こえてきました。
「兄《にい》ちゃんが言ってたけど、
六年生になると学校はつまんないんだってよ。
中学《ちゅうがく》になるともっともっとつまんなくって、

学校なんて行きたくなくなるって」。

一人の子がたずねました。「お前《まえ》の兄《にい》ちゃん何年生？」。

たずねられた子が答えました。「六年生」。

皆《みな》、だまりこくって自転車《じてんしゃ》をこいで行きました。

自転車には釣竿《つりざお》がえさ箱《ばこ》と一緒《いっしょ》につんでありましたから、

友達同士《ともだちどうし》で魚釣《さかなつ》りに行くのでしょう。

大きくなるほど、つまらない生活《せいかつ》が自分《じぶん》を待《ま》っている。時間がたつほど、
つまらない、そして、もしかしたら苦《くる》しくて辛《つら》い日が待っているかもしれない。
そんなことを知った子どもたちは、今の生活《せいかつ》が楽《たの》しくても、
そのことがいつも心に引《ひ》っかかっていて本当《ほんとう》に楽しめないかもしれません。
今の、この楽しい時間をこのまま引き止《と》めておきたい、
できれば、自分だけ、ずっとその時間の中に留《とど》まっていたい、
そんなふうに思う子はたくさんいるかもしれません。

でも、誰《だれ》にもそんなことはできません。

両手《りょうて》に水を汲《く》んで、指《ゆび》の間から水が落《お》ちないようにと、
いくら指に力を入れても、水は手の中からドンドン下へ落ちてしまいます。
時間は水のようには目に見えないので、もっともどかしい気がします。
「私にことわりもなく、ドンドン過《す》ぎて行くな」と叫《さけ》んでも、
ドンドン、ドンドン過ぎてしまい、
いつの間にか、その子は六年生になりたくないのに、六年生になってしまうのです。

学校へ行くのをやめてしまい、家の中に閉《と》じこもったらどうでしょう。

たしかに六年生にはならないかもしれませんが、
「本当《ほんとう》ならば六年生であるはずの子」にはなるのです。

どんなに辛《つら》い生活《せいかつ》や体験《たいけん》が近い将来《しょうらい》待っていたとしても、
さらにその先には、辛い生活を耐《た》え抜《ぬ》いたことへのごほうびのような
素晴《すば》らしい生活が待っているなら、
すぐ近くに来ている辛い体験もがまんできるかもしれません。

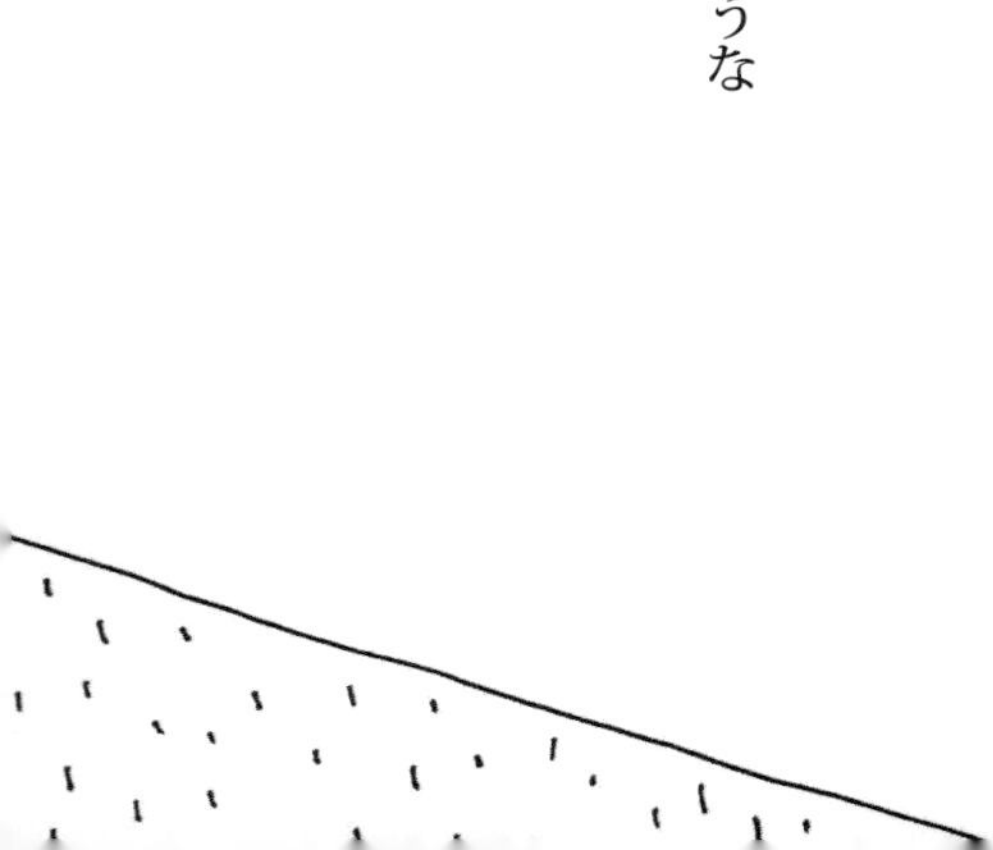

でも、辛《つら》い生活《せいかつ》の先にも、
やはりまた辛い生活がずっとずっと続《つづ》くとわかっていたら、
本当《ほんとう》に子どもたちはやりきれない気持になるでしょう。
次《つぎ》の話は、六、七歳《さい》になったら、男の子はいつもいつも、
この先に待っている辛い生活の話を聞かされて、
その準備《じゅんび》をしておくよう言われ続けていた例《れい》です。

新潟県《にいがたけん》と福島《ふくしま》県との境《さかい》にある村《むら》は、
周囲《しゅうい》がぐるりと山に囲《かこ》まれていて、
田もわずかしかなく、江戸時代《えどじだい》は年貢《ねんぐ》として、
米の代《か》わりに熊《くま》の毛皮《けがわ》などを納《おさ》める狩人《かりうど》の生活《せいかつ》をしていました。
明治《めいじ》になってから、昭和《しょうわ》二十七年（一九五二年）頃《ころ》までは、

山の木を切って、斜面《しゃめん》をすべらせて谷川《たにがわ》まで下《お》ろし、
その木を川の流《なが》れを利用《りよう》して下流《かりゅう》まで流す仕事《しごと》で、お金を得《え》ていました。

切り倒《たお》す木は大木《たいぼく》で、雪《ゆき》の上をすべらせて、山の中腹《ちゅうふく》から川まで下ろすのです。
ですから、雪がたくさん積《つ》もった一月から三月までの作業《さぎょう》です。
この三カ月で一年間の生活《せいかつ》に必要《ひつよう》なお金をかせぐのです。

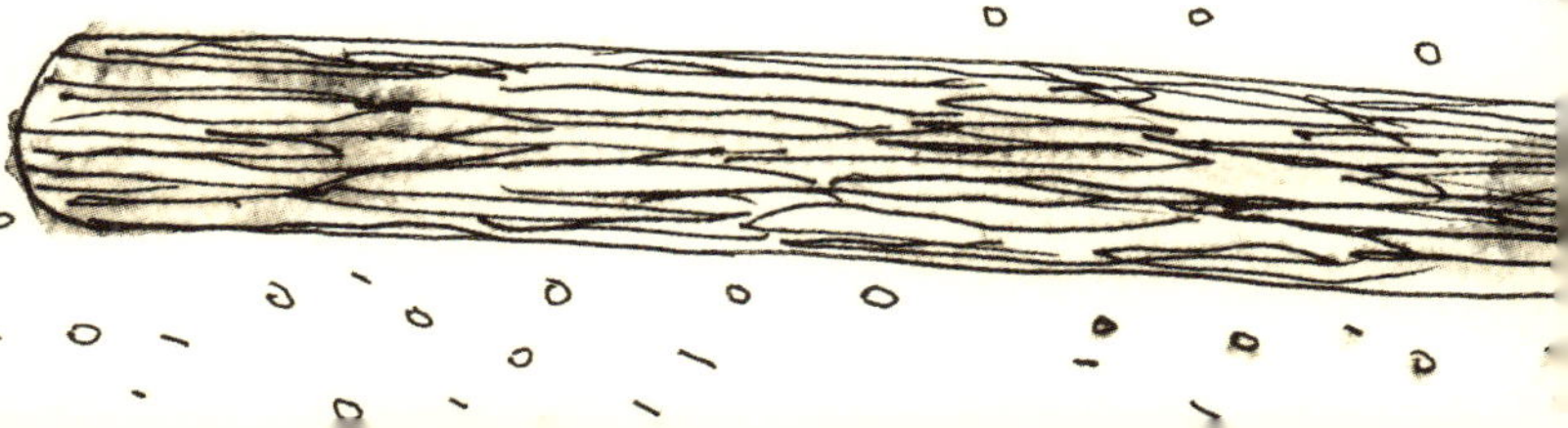

その村《むら》の男の子は、満《まん》十五歳《さい》の次の三月、
つまり中学を卒業《そつぎょう》する年になると、零下《れいか》二〇度にもなる山へ入り、
小屋《こや》で生活《せいかつ》し、木を切《き》ったり下《お》ろしたりする
大人《おとな》の手助《てだす》けをするきまりになっていました。
一度山へ入ると、十日から二週間は家へ帰《かえ》れません。
こうしてひと冬に三回から五回も山に入り、
辛《つら》い山の暮《く》らしをするのです。

一年目の山入《やまい》りは、寒《さむ》いし、恐《こわ》いし、仕事《しごと》が辛《つら》いので、
誰《だれ》もが家へ逃《に》げて帰《かえ》りたいと思いました。

もし、逃げ帰ったらどうでしょう。その男の子は、それ以降《いこう》村の中で
暮《く》らしてはいけませんでした。よその村の、もっと楽な仕事、
たとえば農作業《のうさぎょう》で生活《せいかつ》している村へ養子《ようし》に出されたのです。
自分の生《う》まれた家で、親《おや》や兄弟姉妹《きょうだいしまい》と暮《く》らすことはできなくなって、
他人《たにん》の家のもらわれ子となったのです。

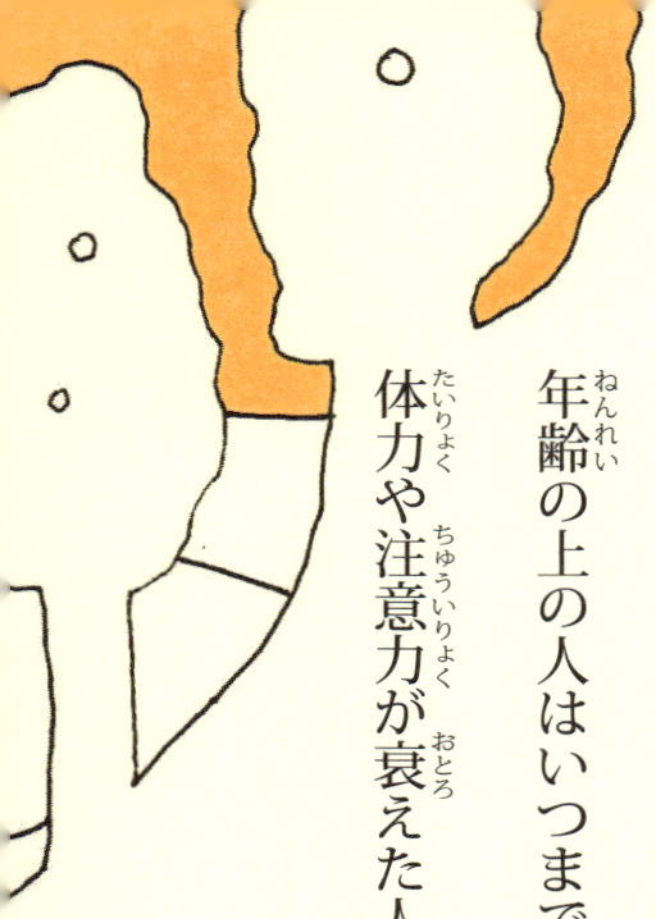
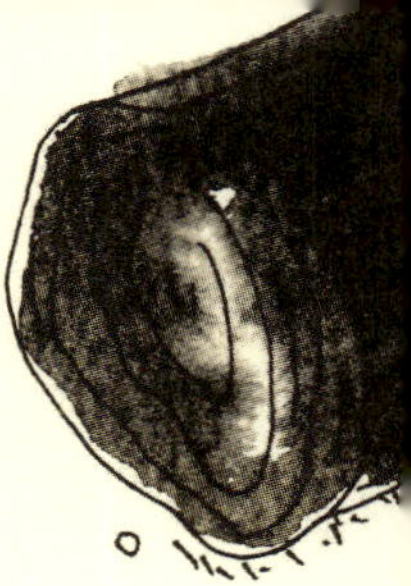

その村では、山の木を切《き》ってそれを売《う》って
お金を得《え》るしか生活《せいかつ》の方法《ほうほう》はありませんでした。
男たちは五十歳《さい》を過《す》ぎるまでこのような仕事《しごと》をする「山組《やまぐみ》」に入り、
共同作業《きょうどうさぎょう》で木を切《き》り下ろしていました。
若《わか》い男の子が順次《じゅんじ》「山組」へ入ってきてくれないと、
年齢《ねんれい》の上の人はいつまでも働《はたら》かなければなりません。
体力《たいりょく》や注意力《ちゅういりょく》が衰《おとろ》えた人が一人《ひとり》でも「山組」にいると、

それは皆《みな》を危険《きけん》な目に会《あ》わせるかもしれないのです。
ですから、子どもが十五歳《さい》になって「山組」へ
参加《さんか》することを村中《むらじゅう》の人が待《ま》ち望《のぞ》んでいました。
十五歳の男の子のことを「初山《はつやま》」と呼《よ》びました。

初山がはじめて山へ入る日には、
村中の家々からお祝《いわ》いの大きな餅《もち》が男の子の家に届《とど》けられます。
その子の父親《ちちおや》は、届いた餅をできるだけたくさん背負《せお》って

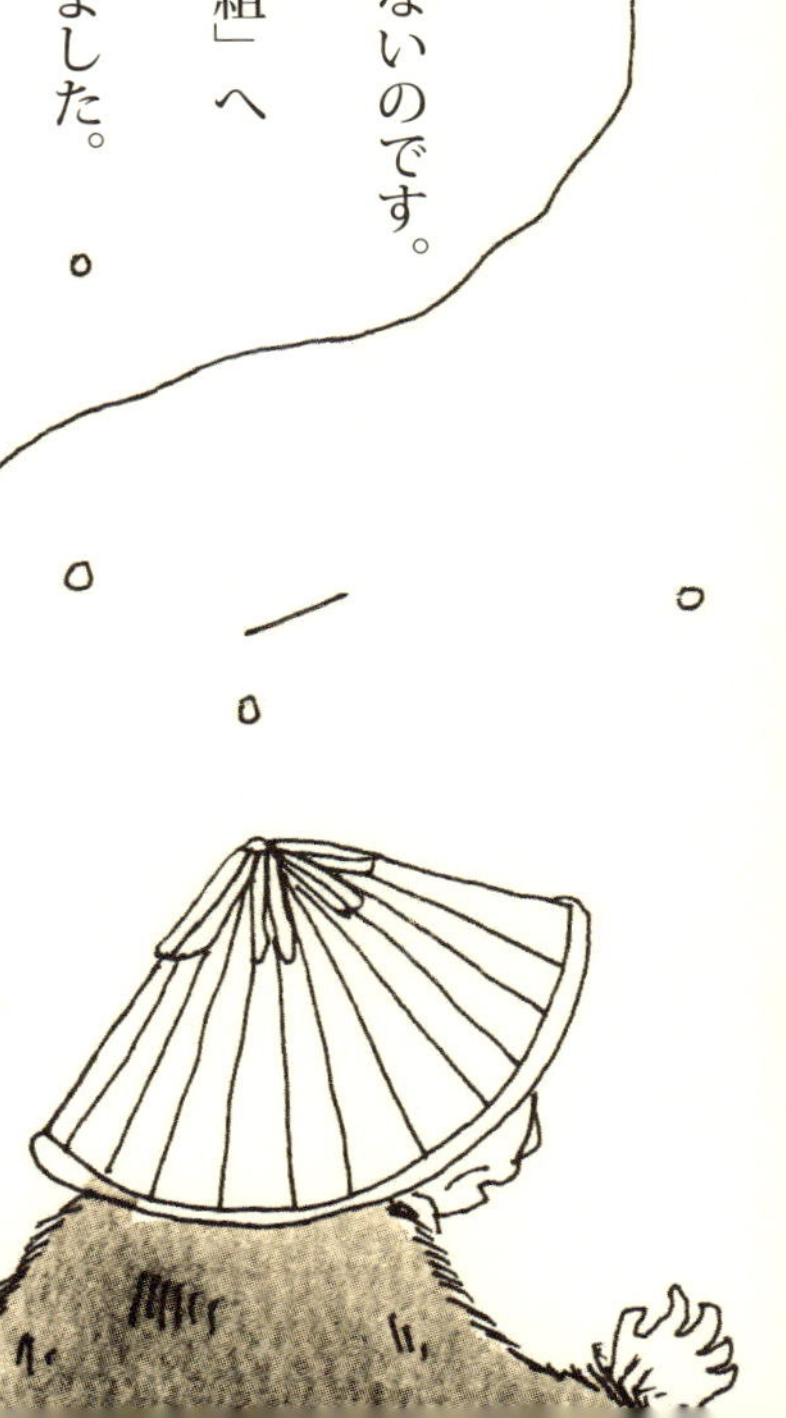

男の子と一緒《いっしょ》に山へ入り、
「山組《やまぐみ》」の親方《おやかた》に「よろしくお願《ねが》いします」と言って
餅《もち》を差《さ》し出《だ》すことがならわしでした。

初山《はつやま》が、一年たつと「山のかか（おかあさん）」となります。

そして、今度はその年に新しく入ってきて、
夜《よる》になると泣《な》きじゃくっている初山を慰《なぐさ》めてやらなければなりません。
自分《じぶん》が泣いているひまはなかったといいます。

初山《はつやま》としての一年目を無事《ぶじ》にすませると、
次《つぎ》には大人《おとな》といっしょに木を切《き》り倒《たお》したり、
雪どけ水のこおるような川の中に入って
木を川下《かわしも》まで流《なが》すための作業《さぎょう》をしなければなりません。
辛《つら》い仕事《しごと》は、年寄《としよ》りになるまで続《つづ》きました。

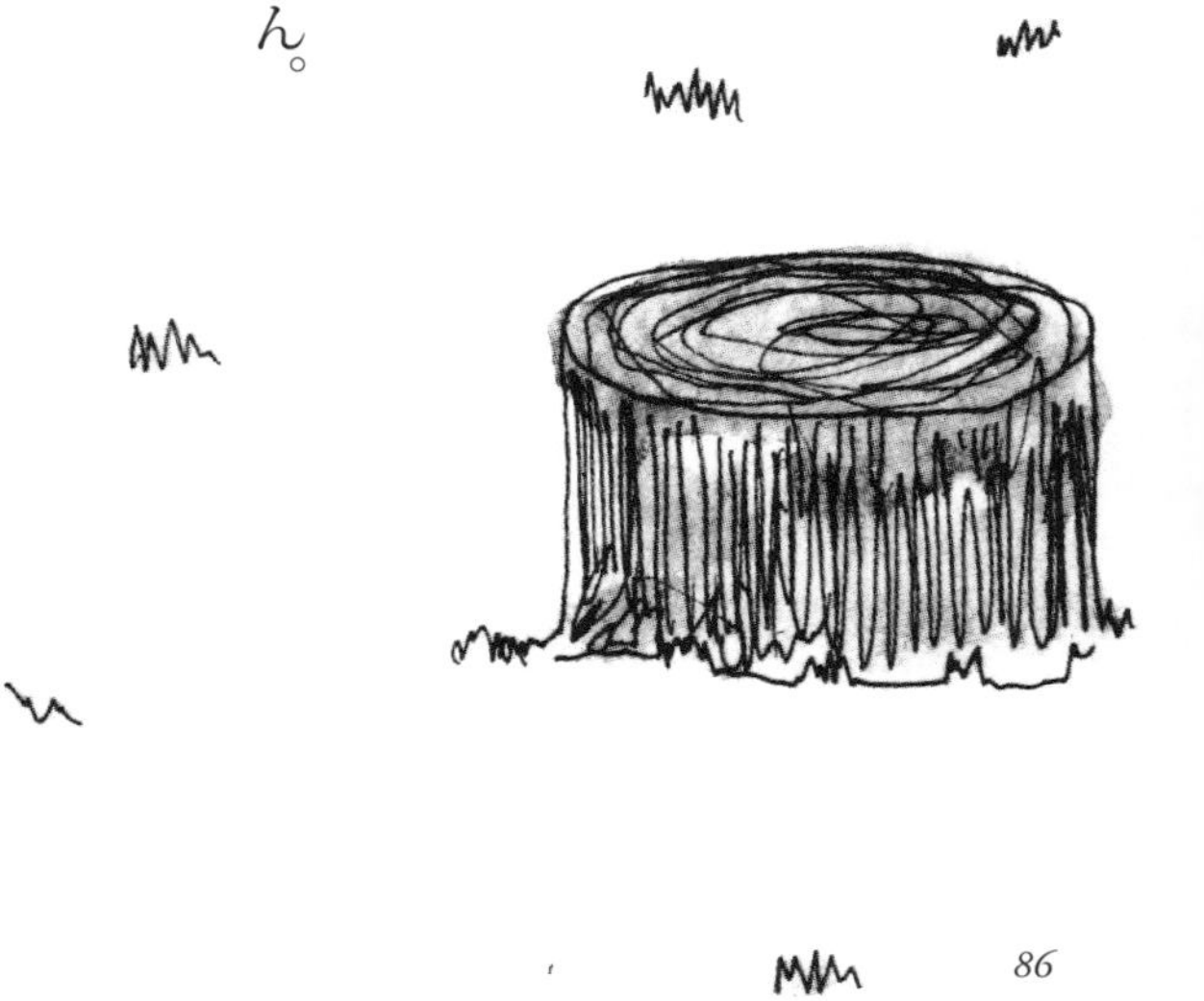

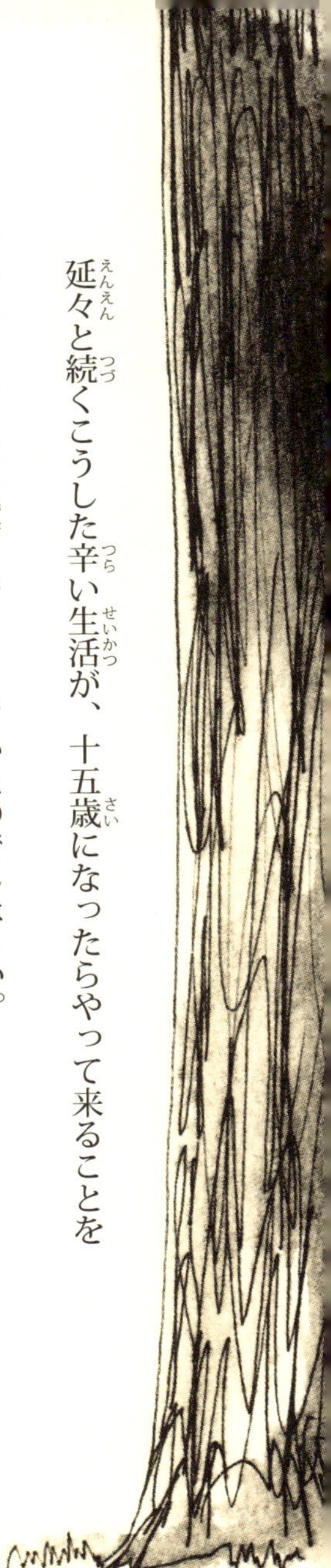

延々《えんえん》と続《つづ》くこうした辛《つら》い生活《せいかつ》が、十五歳《さい》になったらやって来ることを
少年たちはどんな気持ちでとらえていたのでしょうか。

今は老人《ろうじん》になった人たちは、

「我慢《がまん》できて一人前《いちにんまえ》。一人前とみられなければ、村《むら》には住《す》まれん、
嫁《よめ》さんに来てくれる人もない。もしもそうなったら、みじめだったろうなあ」

と言います。ただ、ただ「一人前」になり、
それを周囲《しゅうい》の人に認《みと》めてもらうために耐《た》えたのです。

あなたは、「一人前《いちにんまえ》」というのは、
どんな大人《おとな》のことをいうのかわかりますか。

ぜひとも「一人前」になりたい、そうなれなかったら生きていけない、
と思えるような大人の生活《せいかつ》を想像《そうぞう》することができるでしょうか。

今の時代は、「一人前」の内容《ないよう》があまりにさまざまなので、
「一人前」になるために辛《つら》さに耐《た》えることがむずかしい時代《じだい》になりました。

それでも、メジャー・リーグで野球をすることが「夢《ゆめ》ではなくて、目標《もくひょう》です」

と言い切《き》って自分《じぶん》の力をみがき、
アメリカで大活躍《だいかつやく》をしているイチロー選手《せんしゅ》などを見ると、
それぞれの人にとっての「一人前《いちにんまえ》」を作り出すことが
大切《たいせつ》だと考えずにはいられません。

著者からあなたへ

この本は、あなたも私も、そして今生きている人たちは一人残《ひとりのこ》らずかつてはそうであった赤《あか》ちゃんを中心に、「生きていること」の意味《いみ》を考えてもらうためのものです。このシリーズ①『いのちってなんだろう』のつづきだと思ってください。

あなたは、ほんの数年前《すうねんまえ》あるいは十数年前は赤ちゃんでした。でも、赤ちゃんだった時のことをおぼえている人は誰《だれ》もいません。三歳《さい》のころ、五歳のころ自分《じぶん》が何をしたか、まわりで何が起《お》こったか、切《き》れ切れであっても、おぼえている人はたくさんいます。でも、一歳までのことは、まったくおぼえていません。ふしぎですね。

たぶん、脳《のう》の発達《はったつ》と大きな関係《かんけい》があるのでしょうが、あまりにも何もおぼえていないので、まるで、自分《じぶん》は二人の人間で、「赤《あか》ちゃん時代《じだい》の私」と「赤ちゃん以降《いこう》の私」に分かれているかのようです。

人間が、どんなに努力《どりょく》しても、また、育《そだ》っていく環境《かんきょう》はさまざまなのに、誰《だれ》も同じように、赤ちゃん時代のことをおぼえていないということは、とても大事《だいじ》なことだと考えられます。ひたすら、周囲《しゅうい》のより大きな人たちに完全《かんぜん》に頼《たよ》り切《き》ってしか生きていられない時期《じき》があることは、その赤ちゃんと、周囲の人たちとの間に特別《とくべつ》な関係《かんけい》を作りあげます。それが赤ちゃんの本当《ほんとう》の親《おや》たちであってもなくても、赤ちゃんを育《そだ》てる側《がわ》の人たちにも、いのちや生きていることの意味《いみ》を考えさせる、大切《たいせつ》な時期《じき》です。

「1赤ちゃんはなぜかわいいのでしょう」と「3赤ちゃんから大人《おとな》へのふしぎな時間」

では、赤《あか》ちゃんという特別《とくべつ》な時期《じき》があることをとおして、生きる意味《いみ》を考えたものです。自分《じぶん》に小さな弟《おとうと》や妹《いもうと》がいなければ、電車《でんしゃ》の中や遊園地《ゆうえんち》で赤ちゃんを見かけたら、よく見てください。ほんの数年前まで、自分もあんな様子《ようす》だったのかと思うと、赤ちゃんから目が離《はな》せなくなります。赤ちゃんは自分では何にもできないのに、まわりの人の注意《ちゅうい》を引《ひ》かないではおきません。身体《からだ》は小さいのに大きな泣《な》き声《ごえ》、目を覚《さ》ましている間は絶《た》え間《ま》なく動《うご》かす手《て》や足《あし》、大きな目。それを見ているうちに、あなたの中に起《お》きてくる感じ。どれも、「生きているってふしぎだ」と思わせてくれます。

「2子どもが『神《かみ》さまの子』と言われていた頃《ころ》のこと」と「4自分より大切《たいせつ》なものって、なんでしょう」は、そんな赤ちゃんや幼《おさな》い子どもと、親《おや》をはじめ大人《おとな》との関係《かんけい》が変化《へんか》してきていることを書きました。その変化は、社会全体《ぜんたい》の変化やその変化に影響《えいきょう》を受《う》けて変《か》わっていく人の考えによって、いっそう速《はや》く変わっていきます。でも、人間は、ほかの動物《どうぶつ》の多くもそうですが「生まれてすぐは、いのちを守ってくれる別《べつ》の存在《そんざい》がなければならない」ということだけは変わらないのです。
赤《あか》ちゃんを大切《たいせつ》で尊《たっと》い存在《そんざい》だと考えて接《せつ》することによって、自分自身《じぶんじしん》も大切にしているのだということを知ってもらいたいのです。

二〇〇八年　秋

波平恵美子

著者　**波平恵美子**（なみひら・えみこ）

1942年、福岡県生まれ。お茶の水女子大学名誉教授、元・日本民族学会（現・日本文化人類学会）会長。九州大学教育学部卒業。1968年からテキサス大学大学院人類学研究科留学（1977年、Ph.D取得）。九州大学大学院博士課程単位取得満期退学。佐賀大学助教授、九州芸術工科大学（現・九州大学）教授、お茶の水女子大学教授を歴任。文化人類学専攻。
主な著書に『病気と治療の文化人類学』（海鳴社）『ケガレの構造』（青土社）『脳死・臓器移植・がん告知』（ベネッセ）『医療人類学入門』『病と死の文化』『日本人の死のかたち』（朝日選書）『いのちの文化人類学』（新潮選書）『暮らしの中の文化人類学・平成版』『生きる力をさがす旅－子ども世界の文化人類学』（出窓社）、編著に教科書として評価の高い『文化人類学』（医学書院）などがある

挿絵　**塚本やすし**（つかもと・やすし）

1965年、東京生まれ。イラストレーター・装幀家。イラストレーター・デザイナーとして数々の賞を受賞。近年は、書籍の装画・児童書の挿画等で活躍している。主な著書（共著）に、『ふたり　おなじ星のうえで』（文・谷川俊太郎・東京書籍）『ジュニア版ルイーゼの星』（カーレン・スーザン フェッセル著・求龍堂）『夏の洞窟』（文・荒川じんぺい・くもん出版）『保健室にいたらだめなの？』（文・こんのひとみ・ポプラ社）『レタスの絵本』（文・つかだもとひさ・農文協）などがある。

図書設計　辻 聡

＊本書は、『生きる力をさがす旅 ― 子ども世界の文化人類学』（波平恵美子著・2001年出窓社刊）から５話を再録し、文章と絵で再構成したものです。なお、再録にあたり、原書の標題と文章表現をよりわかりやすく改めた箇所があります。

DMD

出窓社は、未知なる世界へ張り出し
視野を広げ、生活に潤いと充足感を
もたらす好奇心の中継地をめざします。

10歳からの生きる力をさがす旅③
生きているってふしぎだね

2008年10月30日　初版印刷
2008年11月17日　第1刷発行

著　者　波平恵美子（文）
　　　　塚本やすし（絵）

発行者　矢熊 晃
発行所　株式会社 出窓社
東京都武蔵野市吉祥寺南町 1-18-7-303　〒180-0003
電　話　0422-72-8752
ファクシミリ　0422-72-8754
振　替　00110-6-16880
印刷・製本　株式会社 シナノ

ISBN978-4-931178-66-3

かんがえるえほん

10歳からの生きる力をさがす旅

シリーズ

波平恵美子・文　塚本やすし・絵

---

①いのちってなんだろう

四六判・96ページ・定価 1050 円

②きみは一人ぼっちじゃないよ

四六判・96ページ・定価 1050 円

③生きているってふしぎだね

四六判・96ページ・定価 1050 円

④家族ってなんだろう

四六判・96ページ・定価 1050 円

（以下続刊）

＊定価は税込